Weihnachtsmärkte & Co.

• • • • •

Burghard Bartos

arsEdition

Inhalt

Rezepte

Bamberger Krippenmarkt

Ihr Kinderlein, kommet, o kommet doch all'!

Zur Krippe her kommet, in Bethlehems Stall.

Und seht, was in dieser hochheiligen Nacht

der Vater im Himmel für Freude uns macht.

CHRISTOPH VON SCHMID
IN ERINNERUNG AN DIE
HEIMATLICHE WEIHNACHTSKRIPPE

Wer in der Weihnachtszeit nach Bamberg reist, kommt wegen der Krippen. Denn Bamberg ist nicht nur Bischofsstadt und Kaiserstadt und Weltkulturerbe dazu. In der Weihnachtszeit ist Bamberg obendrein Krippenstadt. Und was würde besser zu dieser schönen alten Stadt passen als die ungezählten kleinen und großen Weihnachtskrippen? Zu den wichtigsten, den allerschönsten Krippen haben die Bamberger Krippenfreunde einen eigenen Weg eingerichtet.

Wer diesem Krippenweg nachgeht mit seinen mehr als dreißig Stationen, der sollte gut zu Fuß sein. Und trittsicher, denn Bamberg ist – wie Rom – auf sieben Hügeln erbaut. Da geht es hoch hinauf zum Dom mit dem Bamberger Reiter und dem Weihnachtsaltar des Nürnberger Meisters Veit Stoß, gleich daneben das Diözesanmuseum mit seiner hochnoblen Krippenausstellung, dann wieder steil hinab zur kleinen Maternkapelle mit

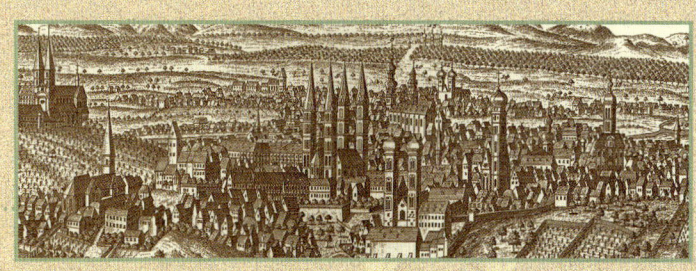

vielen kleinen Krippen, die der Verein Bamberger Krippenfreunde dort ausstellt. In Bamberg werden nämlich das ganze Jahr über Krippen gebaut. Die Leute kommen von weither, um hier in der Krippenbauschule »ihre« Krippe fachgerecht aufzubauen.

Weiter gehts durch Altstadtgässchen im Weihnachtsschmuck hinein ins Alte Rathaus, das wie ein Schiff mitten im Fluss Regnitz liegt und natürlich eine große Krippe beherbergt, dann zwischen den alten Häusern hindurch, in denen die Wachs-zieher zu Hause waren und die Lebküchner, über die Regnitz-

Brücke, an Klein-Venedig vorbei in die Fußgängerzone zum Weihnachtsmarkt auf dem Maximiliansplatz.

Mitte des 16. Jahrhunderts wurden die ersten Krippen in Italien und Spanien aufgestellt. Jesuiten-pater brachten sie zu uns über die Alpen. Anfangs standen sie nur in den Kirchen, bestaunt und bewundert. Bald wollten die Landesfürsten ebenfalls prachtvolle Krippen haben, nach ihnen reiche Bürger bürgerliche Krippen. Und weil gerade die armen Leute am besten wissen, wie es im Stall von Beth-lehem ausgesehen haben muss, wollten auch sie ihre Krippen aufstellen. Eigens für sie gab es in Frankreich die Santons, die »kleinen Heiligen«, aus Ton geformt und gebrannt und bunt bemalt. Klein sind diese Heiligen wirklich,

fingerlang die meisten, die allerkleinsten aber nur zollgroß, weshalb sie scherzhaft »les puces« genannt werden, was »Flöhe« bedeutet. Ob Korbflechter oder Ziegenhirt, Bäuerin mit Gans unterm Arm oder Scherenschleifer, hier findet jeder seinen Stand vertreten, und das zu erschwinglichen Preisen, was sich etwa von reich geschnitzten Oberammergauer Krippenfiguren nicht sagen lässt.

Alle Krippen bringen mit dem Engel die frohe Botschaft: Friede auf Erden! Zur Andacht sind sie gemacht, zum Hinsehen, zum sich Versenken, zur Freude. In der Bibel lesen wir, Jesus ist für jeden von uns geboren. Am Krippenweg sehen wirs mit eigenen Augen. Krippen-

figuren tragen Landestracht, der Joseph kann aussehen wie ein Steirerbua oder ein venezianischer Tuchhändler. Mal ist die Maria eine Schwarzwälder Bäuerin, dann wieder schwedische Lucia. In florentinischen Barockkrippen liegt das heilige Kind in samtigen Windeln auf seidigem Stroh, in schwarzafrikanischen Krippen fällt der schwarze Mohrenkönig Balthasar überhaupt nicht auf. Und der Stern von Bethlehem? Von Strohsternen bis zu Gold mit Brillanten ist alles da.

Aber jetzt, auf dem Weihnachtsmarkt von Bamberg, auf dem Maximiliansplatz, wollen wir erst einmal verschnaufen, lassen uns bereitwillig verführen vom Duft der fränkischen »Brodwurscht«, die mit dem berühmten Bamberger Rauchbier »Schlenkerla« noch besser rutscht. Links einen Glühwein in der Hand und rechts eine spitzige Papiertüte mit Zimtsternen, bestaunen wir zwischen all dem Budenzauber die Krippen,

ohne die sich ein Bamberger Weihnachtsmarkt einfach nicht denken lässt. Keine falsche Müdigkeit vortäuschen. Der Wind ist eingeschlafen und das weiche Licht der Marktstände liegt auf den breiten Fassaden um den Maximiliansplatz. Schnell noch eine weitere Tüte Zimtsterne gekauft, in alten fränkischen Chroniken ist er nämlich das eigentliche Weihnachtsgebäck, nicht der Lebkuchen.

Ein Dutzend Stationen liegen noch vor uns im dämmrigen, duftenden Bamberg. Erst zur Oberen Pfarre hinauf, wo der Küster jeden Tag die kleine Katze in der zwanzig Meter langen Krippe an eine andere Stelle setzt, damit die Kinder jeden Tag nachsehen müssen, wo heut das Miezl steckt. Wie überhaupt alle Krippen bewegliche Figuren haben, damit von Mariä Verkündigung über die Herbergssuche, die Heilige Nacht mit der Anbetung der Hirten und dem Dreikönigstag bis zur Flucht nach Ägypten alles ganz genau nachgestellt

werden kann. Und das war gut so zur Zeit des Krippenverbots, als mancher Küster bei Nacht und Nebel »sein Krippl« in Sicherheit brachte, damit es nicht zerschlagen oder verbrannt wurde. Erst der Bayernkönig Ludwig I. hob 1825 das Krippenverbot auf und Bambergs Krippenkultur blühte wieder.

Aber jetzt wieder hinunter zum Bamberger Krippenmuseum in der Alten Bonbonkocherei. Im Advent, in Erwartung der Ankunft des Herrn, soll jeder seine Wanderschuhe schnüren. Es leuchtet uns ja der Stern, auch wenn es – im Augenblick – nur der Zimtstern ist.

Fränki

Bam

Zutaten:

500 g ungeschälte
Mandeln

4 Eiweiss

1 Prise Salz

300 g Puderzucker

1 El Zitronensaft

3 gehäufte Tl Zimt,
gemahlen

Öl für das Blech

Fränkische Zimtsterne

che Zimtsterne

Anleitung:

Mandeln zweimal durch die Mandelmühle drehen oder in der Küchenmaschine sehr fein hacken. Eiweiß mit dem Salz sehr steif schlagen, nach und nach erst den Zucker dazusieben, dann den Zitronensaft hineinträpfeln.

4 Esslöffel Masse beiseite stellen. Jetzt 450 Gramm Mandelmehl und den Zimt langsam unter die Masse heben. Die Arbeitsfläche mit dem restlichen Mandelmehl bestreuen und den Teig einen halben Zentimeer dick darauf ausrollen – vorsichtig, damit er nicht reißt. Sterne von 4 bis 5 cm Durchmesser ausstechen und auf ein Blech mit Backpapier legen. Den Teig beim Ausstechen gut nutzen, er kann nicht wieder ausgerollt werden. Reste zu Kugeln formen und mit der Gabel flach gedrückt als Zimtplätzchen mitbacken. Sterne mit dem restlichen Eischaum bestreichen. In den Ofen geben und 25 Minuten backen.

Elektroherd: 160 °C
Gasherd: Stufe 2

Tipp: Mandeln vor dem Mahlen in der trockenen Pfanne anrösten und auskühlen lassen. Ein Glas Kirsch- oder Rosenwasser gibt feines Aroma.

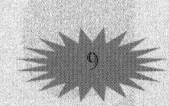

Dresdner Striezelmarkt

Der Drechselmann Hans Hexelmann

hat seinen Laden aufgetan.

Nun kommt, ihr Kinder, groß und klein,

und kauft die schönen Sachen ein!

FRIEDRICH GÜLL

Wer Dresden hört, der denkt an August den Starken. Kurfürst von Sachsen war er schon, und, nachdem er sich katholisch taufen ließ, wurde er König von Polen. Das war bitter nötig, denn August brauchte ständig Geld, ungeheure Mengen Geld. Kurzerhand sperrte er den Alchimisten Johann Friedrich Böttger ein, bis der ihm zwar kein Gold gemacht, dafür aber das weiße Gold neu erfunden hatte: Porzellan. Und was bisher für teures Geld aus China eingeführt werden musste, das kam jetzt aus Meißen: Porzellan, ein Service immer schöner als das andere für die Fürstenhöfe Europas.

August der Starke war ein ungeheurer Verschwender, nun hatte er das Geld dazu. Und anders als heutige Landesfürsten machte er etwas aus dem Geld, nämlich Dresden zu einer der schönsten Städte Europas, zur »Elbflorenz«. Die Paläste am Ufer der Elbe, der

Zwinger, das Kronentor, herrliche Kirchen und Kunstsammlungen. Diese Bauten zogen die besten Architekten und Handwerker Europas nach Dresden. Da wäre es geradezu verwunderlich, wenn dies nicht das tägliche Leben inspiriert und verfeinert hätte.

Und beim Verfeinern kommen wir vom schlichten Brot zum Dresdner Stollen. Um das Jahr 1400 wurde so ein Striezel oder Strutzel schon am Dresdner Hof gegessen, ein längliches, langweiliges Gebilde aus Mehl und Hefe und Wasser, Fastenbrot eben. Gefastet wurde damals den ganzen Advent über. So ist es nicht verwunderlich, dass dieses Brot zum Gebildbrot wurde. Seine Form soll uns an das Kind in der Krippe erinnern, länglich und glatt und die Teigseiten übereinander geschlagen wie eine Windel. Weil der Striezel als Fastenspeise unter kirchlichem Dogma stand, durfte keinesfalls Butter verbacken werden, höchstens stinkendes Rüböl. Das ging so lange, bis sich Kurfürst Ernst von Sachsen an den Heiligen Vater in Rom wandte und bei ihm den so genannten Butterbrief durchdrückte, der für den Striezel nicht nur Butter erlaubte, sondern Milch und Mandeln, Rosinen und Früchte gleich mit. Na, das waren Fastenwochen. Um 1500 wurden die ersten Striezel schon auf dem Striezelmarkt verkauft. Am Striezelmontag nämlich, Montag vor dem Weihnachtsfest. Mit den Jahren dehnte sich der Markttag immer weiter aus, erst eine Woche nur, später über

11

den ganzen Advent. Striezel war Mode, Striezel wurde nämlich bei Hofe gegessen. Und wer etwas galt in Sachsen, bekam zu Weihnachten einen Striezel geschenkt, einen recht großen.

Im Jahr 1730 übertraf, wie hätte es anders sein können, August der Starke alle bisherigen Bestellungen. Er ließ für sein Zeithainer Lustlager einen Stollen von wahrhaft königlichem Format backen. Einhundert Bäckermeister arbeiteten eine Woche daran und der

Backofen dafür war vom hochberühmten Hofbaumeister Pöppelmann entworfen. Acht Pferde zogen diesen Stollen durch die Stadt Dresden und zum Anschneiden des 1,8 Tonnen schweren Monsters übergab man August feierlich ein Stollenmesser, besser gesagt einen Riesensäbel von mehr als anderthalb Metern Länge. Im Andenken daran wird heute an jedem Vorabend des zweiten Advents auf dem Dresdner Striezelmarkt das Striezelfest gefeiert, so wie damals mit Riesenstollen und Riesenmesser.

Seit mehr als fünfhundert Jahren wird der Striezelmarkt auf dem Altmarkt gefeiert, im Stallhof und am Neustädter Markt. Nicht ganz so lange gibt es den Christbaum mit seinen sechshundertzwanzig Lichtern. Ebenso die größte Weihnachts-Pyramide der Welt, vierzehn Meter hoch und mit ihren zweiundvierzig Holzfiguren ein weithin leuchtendes Zeichen für die

Schnitzkunst aus dem Erzgebirge. Und wir machen uns, bewaffnet mit einer Tüte gefüllter Spitzen aus der Lebkuchenstadt Pulsnitz, auf die Suche nach den schönsten Schnitzereien.

Bevor die Holzschnitzer im Erzgebirge zu Schnitzern wurden, hatten sie allesamt in den Erzbergwerken untertage gearbeitet. Als der Bergbau um das Jahr 1850 nicht mehr lohnte, verlegten sie sich aufs Schnitzen, um nicht zu verhungern. Zuerst war es Kinderspielzeug, was ihnen gelang. Bald aber wurden die Figuren größer, es entstanden Räuchermänner und Nussknacker. Vor allem aber waren es zwei Figuren, die das Wichtigste in Händen trugen, was es für einen Bergmann gibt: Lichter. Darum sind bis heute die bekanntesten Schnitzfiguren aus dem Erzgebirge der Lichterengel und der kerzentragende Bergmann.

Nun mussten die Sachen ja verkauft werden. Da bot sich der Weihnachtsmarkt in Dresden an, und es waren nicht selten die Kinder der Holzschnitzer, die sich mit den Figuren zu Fuß auf den Weg nach Dresden machen mussten. Striezelkinder wurden sie genannt, und Ludwig Richter hat diesen Kindern in seinem Holzschnitt aus dem Jahr 1853 ein Denkmal gesetzt. Bis heute sind sie als Holzfiguren auf dem Striezelmarkt zu kaufen. Nicht nur uns haben es in diesem Jahr die Reifentiere besonders angetan. Dicht gedrängt stehen die Menschen um den Reifendreher und seinen Stand. Adventskranzgroße Reifen, aus dem vollen Holz gedreht, liegen dort, unscheinbar erst, beim näheren Hinsehen entdecken wir ein paar Reifen hier und da. Aber jetzt setzt der Drechsler sein Stecheisen an, sticht Scheibchen ab von dem Reifen und plötzlich erscheinen hier Elefanten und Dromedare, dort Ochs und Esel, da Schafe und Ziegen. Etwas Glätten und runden und es dauert nicht lange, da hat er eine Krippe in Bethlehem und eine ganze Arche Noah bestückt.

Kindlein, kauft ein!

Hier ein Hündlein,

hier ein Schwein.

Trommel und Schlegel,

ein Rennpferd, ein Wägel,

Kistchen und Pfeifer,

Kutschen und Läufer,

Husar und Schweizer,

um ein paar Kreuzer

ist alles Dein.

Kindlein, kauft ein!

JOHANN WOLFGANG VON GOETHE

Dresdner

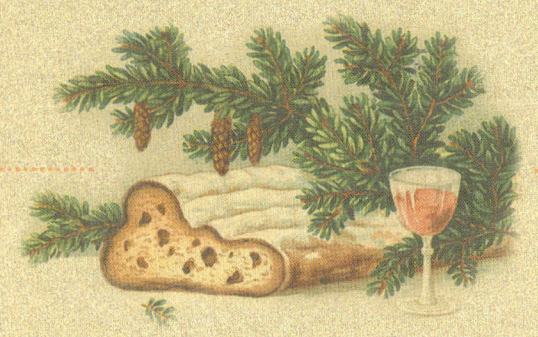

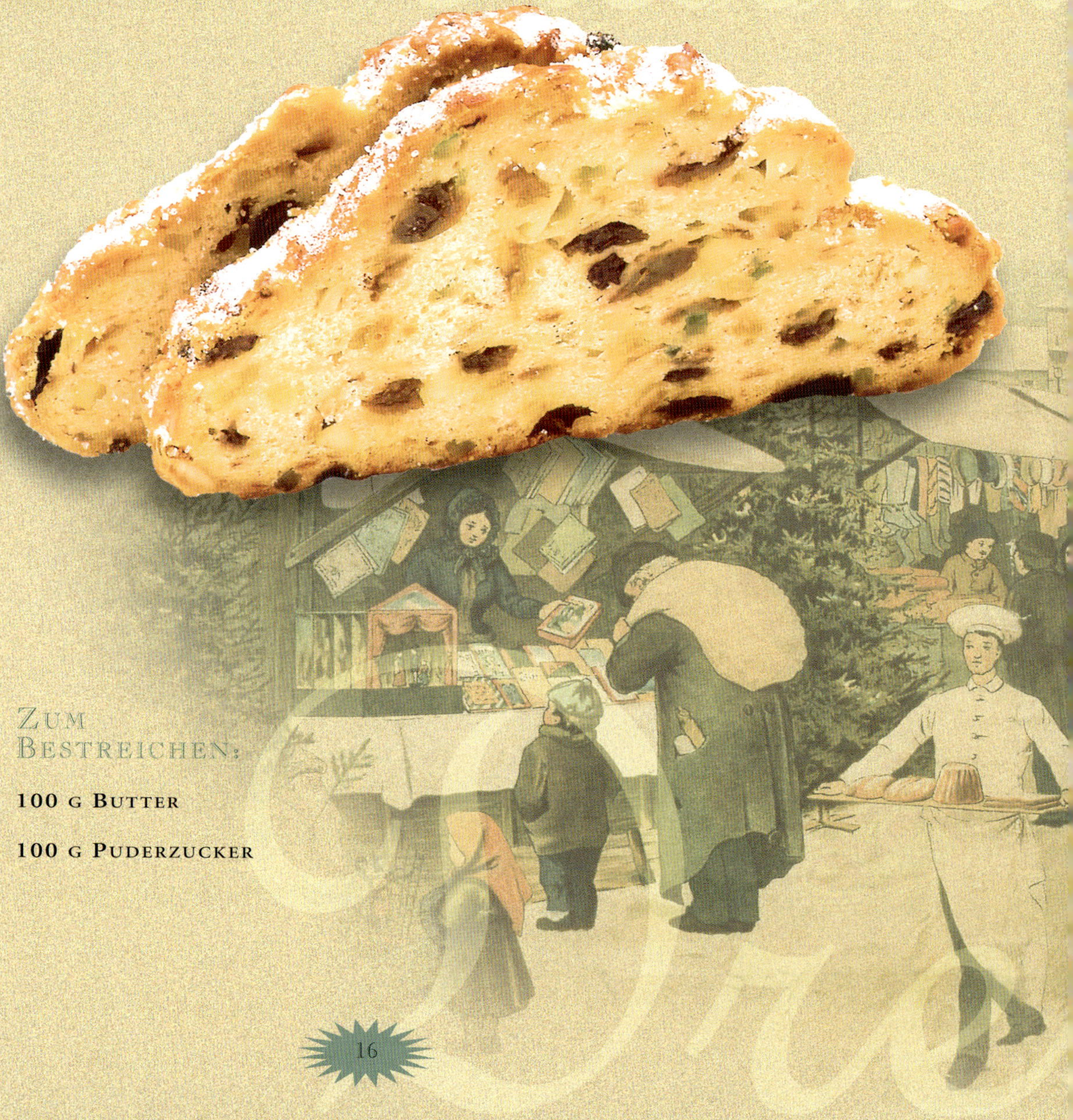

Zutaten:

je 200 g Rosinen und Korinthen

je 100 g Zitronat und Orangeat, fein geschnitten

200 g Mandeln, grob gehackt

6 El Rum

750 g Mehl

2 Würfel Hefe

1 Tl Zucker

1/4 l Milch

300 g Butter, zimmerwarm

100 g Zucker

2 El Vanillezucker

etwas Salz

Zum Bestreichen:

100 g Butter

100 g Puderzucker

Dresdner Christstollen

Christstollen

ANLEITUNG:

Rosinen, Korinthen, Zitronat, Orangeat und Mandeln in einer Schüssel mit dem Rum mischen und ziehen lassen. Mehl in eine Schüssel sieben, eine Mulde eindrücken, darin die Hefe mit einem Teelöffel Zucker in etwas warmer Milch auflösen und mit etwas Mehl zum Vorteig rühren. Etwa 30 Minuten gehen lassen. Jetzt die übrige Milch, Butter, Zucker, Vanillezucker und Salz dazugeben und den Teig schlagen, bis er Blasen wirft. Gehen lassen. Dann die in Rum getränkten Mandeln und Früchte unterkneten und wieder gehen lassen. Den Teig zu einem Rechteck ausrollen und längs zur typischen Stollenform übereinander schlagen. 30 Minuten gehen lassen. Auf einem gefetteten Backblech im vorgeheizten Ofen etwa 60 Minuten backen. Den Stollen aus dem Ofen nehmen, mit Butter bestreichen und mit Puderzucker bestreuen.

ELEKTROHERD: 200 °C

GASHERD: STUFE 3

17

Drei Könige aus dem Morgenland,

Die fragten in jedem Städtchen:

»Wo geht der Weg nach Bethlehem,

ihr lieben Jungen und Mädchen?«

HEINRICH HEINE

Weihnachten und die Heiligen Drei Könige gehören einfach zusammen. Wer also zur Weihnachtszeit nach Köln kommt, der muss in den Dom gehen. Denn dort steht hinter dem Hochaltar der Dreikönigsschrein mit den Gebeinen der Heiligen Drei Könige. Die drei in Köln? Die kamen doch aus dem Morgenland, steht in der Bibel, aus Mesopotamien, also dem Zweistromland zwischen Euphrat und Tigris. Weise sollen es gewesen sein, Wissenschaftler, Sternenkundige, die berechnet hatten, dass eines Nachts der Stern Jupiter neben dem Saturn dicht über der Stadt Bethlehem aufgehen und stehen bleiben werde. Und sie reisten nach Bethlehem, um den König der Welt zu ehren, wie er bei solchem Treffen in der Bibel verheißen war. Astronomen von heute können das Zusammentreffen zurückrechnen, es stimmt. Aber wie kamen die Weisen nach Köln? Nun ja, zu Lebzeiten nicht. Ihre Gebeine wurden in Bethlehem

gefunden und nach der Kaiserstadt Konstantinopel gebracht. Von dort nahmen sie ihren Weg nach Mailand. Und als Kaiser Barbarossa die Stadt unterwarf, schenkte er den gesamten Schatz aus der Kirche von St. Eustorgio – samt den Gebeinen der Heiligen – seinem Kanzler Reinhard von Dassel, der war Erzbischof von Köln: »zum Dank für unermessliche und unvergleichliche Dienste« bei der Eroberung Mailands. Und der Bischof brachte die Gebeine nach Köln, damals im Jahr 1164, auf geheimen Wegen, wie es heißt. Aber überall am Rhein, wo das Schiff mit den Gebeinen anlegte, wurden bald Gedenkstätten zu Ehren der drei Heiligen errichtet.

Nun brauchten die Gebeine aber ein Reliquiar, einen Schrein zur standesgemäßen Aufbewahrung. Rund dreißig Jahre lang arbeiteten die Goldschmiede in der Kölner Werkstatt des Nikolaus von Verdun an dem Dreikönigsschrein. Er wurde das bedeutendste Reliquiar des ganzen Mittelalters. Heiligenfiguren und Säulen ganz in Gold und Edelsteine zieren diese wunderbare Arbeit.

Doch das reichte den Kölnern längst nicht. Sie wollten einen Dom haben mit dem Dreikönigsschrein in der Mitte. Köln am Rhein war schon lange Handelsstadt, durch die Gebeine wurde Köln auch Pilgerstadt. Und den Pilgern verkauften die Kölner so genannte Dreikönigszettel, deren Gebete ihre Pilgerreise sichern sollten.

19

So

kam die Stadt
Köln zu so viel Geld, um im Jahr 1248 mit dem
Dombau zu beginnen. Alles an diesem Dom ist gewal-
tig, von den Fundamenten tief in der Erde, von seinen
gotischen Mauern bis zu den himmelhohen Turm-
spitzen. Und mittendrin, hinter dem Hochaltar, steht
heute der Dreikönigsstein, von Dutzenden Kerzen feierlich beleuchtet. Ein Schrein im Schrein ist das, und nie-
mand weiß zu sagen, welcher von beiden prächtiger ist.
Im Schatten dieses Doms findet jedes Jahr der größte
Weihnachtsmarkt des Rheinlands statt. Knapp hundert Kunsthandwerker lassen sich bei der Arbeit über
die Schulter sehen. Da werden Becher und Teller aus
Zinn gegossen, Porzellan bemalt, Weihnachtskugeln in

den schillerndsten Farben geblasen und
es werden Tuche gewebt, fein oder bäuer-
lich. Rundherum wie in einem Schneckenhaus winden
sich die Marktstände auf den Mittelpunkt zu, und
dieser Mittelpunkt ist ein prächtiger Christbaum, über
und über mit Lichtern besteckt. Und über allem liegt
der Weihnachtsduft. Rheinische Riwekooche brutzeln in
der Pfanne, bergische Waffeln bräunen im Waffeleisen,
Bratäpfel platzen zischend auf und der Spekulatius
leuchtet golden von den Backblechen. Nicht nur
Windmühlen oder Nikoläuse sind darauf zu sehen: Auf
dem Original-Dom-Spekulatius ist der Kölner Dom
selbst abgebildet, zum Verwechseln ähnlich ist er und
wird deshalb gern gekauft. Schließlich leitet sich der
Spekulatius nicht von ungefähr vom lateinischen »spe-
culum« ab, dem Spiegel, denn der Teig bildet den Model
ganz genau ab, aber eben spiegelverkehrt. Obendrein
wollen viele ihren Spekulatius selber backen, in ein paar

alte Formen gedrückt, die in der Weihnachtskiste liegen – noch von der Omma, wie der Rheinländer sagt. Oder sie gehen zum Holzschnitzer und suchen sich eine neue Backform aus, vom Bären angefangen bis zum Weihnachtsschlitten.

Wers recht mittelalterlich mag, geht zum Weihnachtsmarkt vor dem Schokoladenmuseum. Die Händler dort tragen die Tracht der Zeit, Öllampen und Fackeln beleuchten ihre Ware. Und wer nicht mittelhochdeutsch spricht (wenigstens die rheinische Variante), der kann in Schwierigkeiten kommen zwischen de Hötte, den Hütten der Marktleute. Dafür erfährt er, wie Jungfernkränze zu schmücken sind, wenns denn nötig ist, oder lernt Brot zu backen oder Seile zu drehen. Wer dabei Hunger bekommt, beißt in Eunuchenkuchen, Kräuterstangen und Sultansterne. Hier sind Waffeleisen wirklich noch aus Gusseisen und werden über dem Feuer aufgeheizt. Die Kinder lieben ihre bergischen Waffeln mit Marmelade, der Feinschmecker bevorzugt obendrauf Sauerkirschen mit Sahne.

Auch der Pfeifenkerl soll nicht vergessen werden, das Göbbelche, schnelles Hefegebäck in Form eines Männchens mit Rosinenaugen und einer kleinen Tonpfeife im Arm, aus der Generationen von Kölsche Jungs ihre ersten Erfahrungen mit dem Rauchen machten, freilich nicht mit Tabak, sondern stilecht mit Efeublättern. Wer das versucht hat, kehrt reumütig zum Spekulatius zurück, selbst wenn darauf ein Pfeifenkerl zu sehen ist.

Kölner

ZUTATEN:

300 G BUTTER,
GUT GEKÜHLT

300 G ZUCKER

1 EI

JE 1/2 TL ZIMT,
NELKENPULVER
UND KARDAMOM

ETWAS SALZ

400 G MEHL

Kölner Spekulatius

Spekulatius

Anleitung:

Die Butter schaumig rühren, den Zucker und das Ei dazugeben und nochmals gut rühren. Dann die Gewürze, das Salz und die Hälfte des Mehls einrühren. Das restliche Mehl unterkneten. Den Teig zugedeckt über Nacht kühl stellen. Am anderen Morgen die Model mit Mehl bestäuben, ein Stück Teig darauf legen und ausrollen. Was übersteht, abschneiden und den Teig aus dem Model herausklopfen. Die Spekulatius auf ein gefettetes Backblech legen und im vorgeheizten Ofen etwa 10 Minuten backen. Nach dem Backen gleich vom Blech nehmen und auskühlen lassen. Wer keine Model hat, kann den Teig auch mit hübschen Blechformen ausstechen. Er muss dafür etwa 3 mm dick ausgerollt werden.

Elektroherd: 200 °C
Gasherd: Stufe 3

Macht hoch die Tür,

die Tor' macht weit,

es kommt der Herr

der Herrlichkeit.

GEORG WEISSEL

Der Posaunenchor ist bis auf die Straße zu hören und sorgt für musikalische Untermalung. Der Himmel hat es gehört und seine Schleusen weit geöffnet. Das Heilig-Geist-Hospital auch, eine freundliche Dame winkt die lange Reihe der Besucher herein. Mit einem Mal stehen wir im Trockenen, in der Wärme, im Licht und fühlen uns wie dieses Paar vor zweitausend Jahren auf der Herbergssuche in Bethlehem.

Und wir atmen Weihnachtsluft: Nach Mandeln duftet es und Nelken, nach Glühwein und Zimt, nach Bienenwachs und Lebkuchen, und irgendjemand hat einen kleinen Tannenzweig über die Kerzenflamme gehalten. Fast duftet er wie Weihrauch, den die Heiligen Drei Könige damals mit zum Stall gebracht haben, um das Kind zu ehren. Wir sind angekommen auf diesem schönsten Weihnachtsmarkt in Norddeutschland, wo

Kirche und Hospiz unter einem Dach vereint sind. Ein Stall allerdings ist dieses Heilig-Geist-Hospital nun gerade nicht. Hohe Fenster mit farbigen Gläsern, Kanzel, Altäre, Kreuzgewölbe mit verzierten Schnittkanten, orange- und grünfarben in den weißen Putz gemalt. Im Parterre dann die hundertfache Spiegelung in Gläsern, Scheiben und im Weihnachtsschmuck.

Erst wenn wir den Lettner passiert haben, diese Backsteinmauer, geschmückt mit Maßwerk, weiß geputzt und bemalt, der diese Kirche in einen Teil für Laien und einen für Kirchenleute trennt, werden wir daran erinnert, dass Christus bei den Ärmsten zur Welt gekommen ist. Hinter dem Lettner nämlich finden sich in langen Reihen rechts und links die so genannten Kabäuschen,

hölzerne Kämmerchen, ehemals für die Armen, die Pflegebedürftigen der reichen Hansestadt. Gerade so lang wie ein Bett sind diese Zimmerchen, Stuhl und Tisch haben noch Platz, Fenster und Tür gehen zum schmalen Gang hin. Das sieht schon eher nach Stall von Bethlehem aus. Und wir gehen staunend von Tür zu Tür, denn drinnen stehen die schönsten Weihnachtsgeschenke. In jedem Kabäuschen stellt ein Kunsthandwerker seine Waren aus. Links verbergen sich bunte Spanschachteln hinter der kleinen Tür, rechts leuchten Tischdecken im Blaudruck durch das niedrige Fenster, dort strahlen im Goldglanz handgemachte Stövchen aus Messing, um die Teekanne stilgerecht warm zu halten, da wieder steht ein Apo-

theker und bietet handgerührte Magenmorsellen feil, das Rezept noch aus der Zeit, als es weder Magentabletten noch Underberg gab. Lang geht die Reihe der Kabäuschen durch das Kirchenschiff, in der Gasse daneben setzt sich die Weihnachtsfreude fort. Pfiffiges Holzspielzeug für »unser« Christkind, geschnitzte Kleinmöbel, Drechseleien, Seidenbilder, tönerne »Tippel« im typisch Bunzlauer Schwämmelmuster, bemalte Fliesen aus Holland für die Friesenstube, alte und neue Tuche, handgewebt, glitzernde Gläser, mundgeblasen und handgeschnitten. Wir müssen verschnaufen.

Da kommt ein Glühweinstand gerade recht, deftiges Roggenbrot mit Pflaumenschmalz und zum Abschluss ein Glas Lübecker Rotspon; vielleicht in der Mengstraße

gelagert, sozusagen aus Senator Buddenbrooks Keller? Mit jedem Schluck von diesem Wein träumen wir uns mehr in diese Zeit des 19. Jahrhunderts hinein, mit dem lichterglänzenden Esssaal der alten Konsulin, geheimnisvoll verschlossen, den glänzenden Äpfeln und goldenen Nüssen, dem Marzipan, den braunen Kuchen, den Marien-Chorknaben in der Säulenhalle und den Hausarmen, die ins Buddenbrook-Haus kamen, ängstlich und ergriffen, um an Weihnachten beschert zu werden. Die Hausarmen – da sind wir wieder bei den Kabäuschen und den Menschen im Heilig-Geist-Hospital zurück und trinken das Glas aus.

Rotspon macht kauflustig, und das soll er wohl auch. Denn bei aller Mildtätigkeit – das Heilig-Geist-Hospital wurde im 13. Jahrhundert für die Armen gebaut – haben die reichen Hansekaufleute nie das Geschäft aus den Augen gelassen, auch Mildtätigkeit

kostet Geld. Bis in die Sechziger-
jahre des vorigen Jahrhunderts
waren die Kabäuschen schließlich noch bewohnt, erst viel später
richteten die Damen vom »Deutschen Verband
Frau und Kultur« diesen Weihnachtsmarkt hier aus.

Auch Marzipan nehmen wir mit, diese Spezialität,
die schon vor sechshundert Jahren die Lübecker vor dem
Verhungern gerettet haben soll. Vor zweihundert Jahren
aber wurde Lübecker Marzipan durch den Wander-
gesellen Niederegger weltberühmt. Mandelmehl und
Zucker sind drin im Marzipan, der Rest ist Firmen-
geheimnis. Rosenwasser ist allerdings nicht drin, dafür
aber Bittermandeln, das haben wir erfahren. Und so
kann sich jeder selbst aus der Marzipanrohmasse, die
überall zu kaufen ist, sein schönstes Marzipanrezept
zusammenkneten, wenn er nicht, ganz stilgerecht, die

feinsten Mandeln selbst mahlt und mit
Zucker zu Teig verknetet. So entsteht Marzipan.

Vor der Kirchentür erwartet uns der nächste
Schauer. Die Heilige Familie damals vor zweitausend
Jahren flüchtete vor den Mordbanden des Königs
Herodes, um das Leben des Jesuskindes zu retten. Wir
dagegen flüchten nur vor einem steifen Atlantiktief und
seinen schweren Tropfen, die an unserer Vorfreude auf
Weihnachten und dem wuchtigen Portiers-Schirm
einfach abperlen.

Zutaten:

200 g Marzipanrohmasse

200 g Puderzucker

1 Eiweiss

1 El Curaçao

Oblaten von 5 cm Durchmesser

Marzipanküsschen

zipanküsschen

Anleitung:

Marzipanrohmasse und gesiebten Puderzucker miteinander verkneten, bis ein glatter Teig
entsteht. Eiweiß und Curaçao zugeben, alles gut durcharbeiten und
eine Stunde in der Folie ruhen lassen. Mit zwei feuchten
Teelöffeln die Masse portionsweise auf die Oblaten
setzen. Wenn nötig, mit einem feuchten
Messer glatt streichen. Die Oblaten auf
ein Backblech setzen und 15 Minuten
backen, bis sie schön golden sind.

Elektroherd: 160 °C
Gasherd: Stufe 2

Tipp: Wer will, kann jedes Küsschen vor dem
Backen noch mit einer Mandel verzieren.

Weiß sind Türme, Dächer, Zweige,

und das Jahr geht auf die Neige

und das schönste Fest ist da.

THEODOR FONTANE

München leuchtet. Ganz besonders im Advent, wenn der riesige Tannenbaum auf dem Marienplatz vor dem Neuen Rathaus wieder im Licht seiner unzähligen Kerzen strahlt und weihnachtliche Stimmung verbreitet. Dabei hat es ganz klein angefangen; aber so ist das eben mit Weihnachten, wir brauchen ja nur an den Stall in Bethlehem zu denken. An den ersten Christbaum erinnert uns heute nur noch ein kleines Monatsbild: Auf der verschneiten Residenzstraße fährt ein Pferdeschlitten an einer Christkindlmarkt-Bude vorbei, links daneben steht ein Christbaum, geschmückt mit Äpfeln und Birnen. Und unter dem Christbaum steht, wie könnte es anders sein in Bayern, eine Krippe.

Der Christbaum ist, wir erinnern uns, eine eigentlich protestantische Erfindung. Und damals, so vor drei- bis vierhundert Jahren, war noch zu sehen, ob ein Haus katholisch oder evangelisch war. Erst vor zweihundert

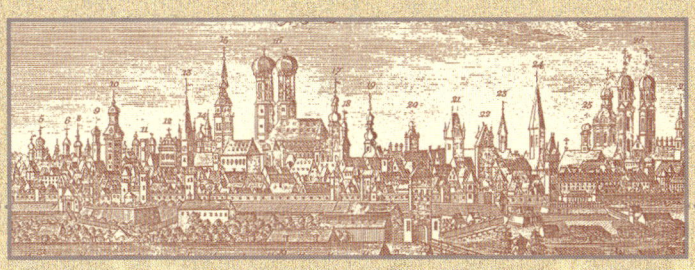

Jahren kam es zu einer Eintracht: Die Leute stellten unter den evangelischen Weihnachtsbaum die katholische Krippe. Warum? »Weils schee is«, wie es in Bayern heißt, und schön ist es ja auch.

Nicht weit von München, in der Post in Walchensee – ein Gasthaus, das schon Goethe besucht hat, und der wusste, wo man absteigt – fand noch vor hundert Jahren jedes Jahr die große Christbaumversteigerung statt. Die stattliche Wirtin verkaufte Lose. Und jeder von den Bauern, den Vieh- und Holzhändlern, die dazu von weither gekommen waren, ersteigerte sich einen Zweig vom Christbaum, mit Kerzen oder einem Wachsengel darauf, um ihn der Frau, der Schwester oder der Liebsten heimzubringen.

Eins ist seltsam: So kritisch wir die Tanne auch begutachten, ob Nordmann- oder Hemlockstanne oder nur Fichte/Tanne, wenn sie erst geschmückt im Zimmer steht, wenn der große Augenblick kommt und wir die Kerzen anzünden, dann sind wir uns einig: Unser Baum ist doch der schönste! Das mag aus der Zeit kommen, als die Leute noch um die zwei Bedeutungen wussten, die der Christbaum hat. Einerseits ist er der Sündenfallbaum, von dem Eva trotz Verbot den Apfel nahm und zur Strafe mit ihrem Adam aus dem Paradies vertrieben wurde. So kamen die Äpfel an den Christbaum, die Nüsse und Lebkuchen, eben die Versuchung. Aber an Weihnachten, als Jesus zur Welt kam, um die Menschen zu retten, da durften die Äpfel und Nüsse abgeschüttelt werden als Zeichen der Erlösung. Und als Sinnbild dieses neuen Lebens kam die Kerze auf den Christbaum, damit das Licht uns in der dunklen Zeit leuchtet.

Bei allem evangelischen Christbaumschmuck um uns herum sollen die Krippen nicht vergessen sein, die katholischen.

So wandern wir zwischen den Marktständen und lassen uns von all dem verzaubern, was schon im Jahr 1642 die Chronik aufzählt: »Oberammergauer Waren und Nürnberger Lebkuchen, baumwollene Kinderkleider, Kripperlfiguren und Kaminfeger aus Zwetschgen und Mandeln.« Damals hieß der Markt Nikolaidult und erst seit 1972 Christkindlmarkt.

Da sind wir auf dem Kripperlmarkt hinterm Rathaus richtig. Wer einmal angefangen hat, eine Krippe aufzubauen, kommt nicht mehr davon los. Und so suchen wir dieses Jahr einen Engel aus Südtirol, einen ganz kleinen. Oben vom Stallgebälk aus soll er über das heilige Geschehen wachen. Prüfend ziehen wir von Standl zu Standl, obs passt. Die Holzschnitzer haben es uns angetan, wie sie nur mit ihrem Messer die feinsten Flügelchen und Hände aus Lindenholz oder Kastanie holen. Endlich finden wir einen Engel, fingergroß. Wenn er sich nur keinen Schiefer einzieht auf den rauen Balken unseres Stalls, halbnackt, wie er ist …

Wir stehen gleich beim Eingang zum Prunkhof des Rathauses. Dieser Prunkhof ist schon im Sommer ein Prachtstück, aber jetzt im Weihnachtsschmuck können wir uns nicht satt sehen. Und bei einem großen Becher mit Heißem Bischof und einer guten Breze lässt es sich schon aushalten in diesem windstillen, romantischen Geviert mit der großen Wendeltreppe. Aber nach Vanille, Zimt und Koriander duftet es schon, wenn wir uns unter die Dächer der Marktstände drücken, weil wir, wie die Kinder, alles ganz genau sehen und riechen müssen.

Dann lockt uns das Glockenspiel zurück auf den Marienplatz. Hoch dort oben, dicht unter dem Sternenhimmel, wird jetzt das Christkindl zu Bett gebracht, im Scheinwerferlicht leise ruckend und gerade gegenüber der Mariensäule. Jetzt wird es nichts mehr mit einer letzten Runde über den Christkindlmarkt mit all seinen Düften und Lichtern.

Als wir aus unserer Lieblingsnische im Ratskeller kommen, wo es sich bei Zithermusik auch unterm Sternenhimmel sitzen lässt, freilich mit zarten Farben al fresco ins Kreuzgewölbe gemalt, hat es doch wahrhaftig angefangen zu schneien. Die dreißig Meter hohe Fichte hat schon weiße Spitzen bekommen. Fast senkrecht fallen die Flocken aufs Pflaster, die ersten schmelzen noch, aber bald dämpft der Schnee jedes Geräusch. Und eins steht fest, unser Engel ist der schönste.

33

Fatschnkindl

Marzipanrohmasse mit Puderzucker, Eiweiß und Mandelmehl
gut verkneten. Teig ausrollen und
Kreise von 5 cm Durchmesser
ausstechen. An den Rand jedes
Kreises eine Mandel legen und
das Marzipan darüber zusammen-
klappen, sodass das dicke Ende
der Mandel herausschaut. Eigelb
und Wasser verschlagen und
damit die Fatschnkindl bestreichen.
Im Ofen 15 Minuten lang backen
und ausgekühlt in Blechdosen legen.

ZUTATEN:

200 g Marzipanrohmasse

100 g Puderzucker

1 Eiweiss

70 g Mandeln,
fein gemahlen

Ganze Mandeln

1 Eigelb

1 El Wasser

ZUTATEN:

1 Orange, ungespritzt

1 Flasche würziger Weisswein

2 El Kandiszucker oder Honig

4 cl Cointreau oder Lemoncello

1 Stück Zimtstange

1 Tl Fenchelsamen

1 Tl Kardamom

1 kl. Stück Ingwer

Heißer Bischof

Heißer Bischof

Anleitung

Die Orange in Scheiben schneiden und mit allen anderen Zutaten in einen Topf füllen. Den Glühwein bis kurz vor dem Siedepunkt erhitzen. In vorgewärmte Punschgläser füllen und – bei Bedarf – noch nachsüßen.

Tipps: Glückliche Führerscheininhaber ersetzen den Weißwein durch Apfel- oder Traubensaft oder lassen den Punsch aufkochen, damit der Alkohol verfliegt. Wirds richtig kalt, schmeckt ein Schuss Arrak dazu nicht schlecht. Arrak ist bei uns wenig bekannt, das Wort kommt aus dem Arabischen und bedeutet Schweiß. Arrak wird aus Reis destilliert oder Melasse, dem braunen Saft des Zuckerrohrs, oder den Blütenkolben der Kokospalme. Erstklassiger Arrak schmeckt überhaupt nicht so, wie er heißt.

Nürnberger Christkindlesmark

Nürnberger

Tausende von Besuchern schieben sich vor uns her auf Nürnbergs Hauptmarkt. Aus Flugzeugen, aus Bussen und Sonderzügen sind sie am Nachmittag gestiegen, um hier mit uns zu stehen, dicht gedrängt zwischen dem Schönen Brunnen und der Frauenkirche. Plötzlich verlöschen alle Lichter. Still wird es auf dem weiten Platz zwischen all den Marktbuden, die noch geschlossen sind. Und dunkel ist es, kein Licht weit und breit.

Es muss wohl die gleiche Finsternis sein, die damals den Handwerksmeister Hauser umgab, auch wenn das Licht in seiner Stube brannte. Damals, im Jahre 1700, als ihm zuerst die Frau und bald auch seine Tochter starb. Er konnte den Schmerz nicht verwinden, brütete herum in der Stube und kannte seine Freunde nicht mehr. Bis eines Nachts, ihm war es wie ein Traum, ein Engel in sein Zimmer trat. Der Engel war

Ihr Herrn und Frau'n, die ihr einst Kinder wart,

seid es heut wieder, freut euch in ihrer Art.

Das Christkind lädt zu seinem Markte ein,

und wer da kommt, der mag willkommen sein.

WILLKOMMENSGRUSS DES
NÜRNBERGER CHRISTKINDLS

ganz von Licht umgeben, stand vor ihm, in Gold gekleidet und in ein Nürnberger Gewand. Auf dem Kopf trug er die Gockeleshaube und statt der Arme mächtige goldene Flügel. Sein Gesicht aber, der Meister sah es erst jetzt, war das Gesicht seiner verstorbenen Tochter. Der Engel kam auf ihn zu, setzte sich zu ihm ans Bett und erzählte lächelnd, wie gut es seiner Tochter jetzt ging. Er solle nicht mehr um sie weinen, sagte der Engel. Und Meister Hauser versprach es.

Am nächsten Morgen setzte sich der Mann an die Werkbank und begann, aus einem Stück Lindenholz das Gesicht seiner Tochter zu schneiden, die jetzt ein Engel war. Aus Rauschgold faltete er den plissierten Rock, zwei Flügel und die Krone. Tage dauerte das und Wochen. Seine Freunde gingen nachts zu seinem Haus, sahen durch die Ritzen der Fensterläden, und als sie den wunderschönen Engel entdeckten, trommelten sie an die Tür. Endlich öffnete Meister Hauser und ließ sie den Engel sehen. Erst waren die Freunde sprachlos, aber nach ein paar Tagen redeten sie dem Meister ein, er solle mehr von diesen Engeln machen. Denn der Kindleinsmarkt wäre nicht mehr weit. Seitdem gibt es in Nürnberg den Rauschgoldengel zu sehen.

jetzt ist es so weit, der große Augenblick ist da: Scheinwerfer blitzen auf, schwindelnd hoch oben auf der Empore der Frauenkirche erscheint das Christkind, das richtige, wirkliche Christkind. Weiß und golden ist es gekleidet und von zehn Turmbläsern in prächtigen Uniformen wird es begleitet.

Schon ganz lange gab es in Nürnberg zum Jahresende einen Markt mit Wachsziehern, Korbmachern und Töpfern, schon seit der Reformation des Martin Luther. Die Nürnbercher Bratwurscht wird dort ebensowenig gefehlt haben wie die heißen Kastanien. Und bis zum Jahr 1564 kaufte der Nürnberger Ratsherr Paulus Behaim am 29. Dezember seine Neujahrsgeschenke.

Wir sind so in Gedanken gewesen, dass wir erst jetzt die Chöre in der Dunkelheit singen hören. Längst sitzen alle kleinen Kinder auf den Schultern der Väter, denn

Im Jahr 1565 aber kaufte er am 23. Dezember als Weihnachtsgeschenk ein Evangeli-Büchlein, das seinem
Sohn vom Kindlein beschert worden ist, wie sein Haupt-
buch verzeichnet. Und 1566 waren es schon zwei
Schlitten – einen für jeden Sohn der Behaims brachte
das Christkind. Dieser alte Eintrag macht den
Nürnberger Christkindlesmarkt zu einem der ältesten
Weihnachtsmärkte der Welt. Von Martin Luther eingeführt, fand die Bescherung jetzt zu Weihnachten statt

und nicht mehr zum Jahresende. Nun ist es schon seit
langem in Nürnberg nicht schwer, Dinge zu kaufen, die
nicht lebensnotwendig sind. Nürnberger Tand geht in
alle Land ist ein weithin bekannter Spruch, und mit
Tand sind eben die hübschen Sachen gemeint, die alle
kleinen und großen Kinder so lieben. Groß und schwer
sind die alten Kataloge der Nürnberger Manufakturen,
Spielzeug aus lackiertem Blech und Holz bieten sie an,
Kleinigkeiten aus Glas und Ton, Puppen und Spiele. Sie
verzeichnen mehr, als wir uns überhaupt vorstellen
können. So ist es bis heute geblieben, schließlich ist
Nürnberg die Stadt der
Spielzeugmesse.

Und wenn das Christkind jetzt seine Ansprache beendet hat und die Turmbläser fertig sind, wenn tausend Lichter den ganzen Hauptmarkt golden färben, wenn die Marktfrauen unter ihren grünen Standldächern die Tuchwände vor ihren bunten Waren hochziehen, dann ist es fast wieder so wie damals.

Die Honigkuchen und Kerzen aus Bienenwachs riechen noch ganz wie früher, als die Wälder um Nürnberg des Heiligen Römischen Reiches Bienen-garten genannt wurden und als noch jeder wusste, dass er keine Rückenschmerzen zu fürchten hatte, wenn er zwischen Weihnachten und Lichtmess (2. Februar) einen Lebkuchen in der Tasche trug. Lebkuchen als Proviant auf Reisen, als Geschenk zu Fest- und Feiertagen – Lebkuchen waren immer richtig. Das dachte wohl auch Kaiser Friedrich III., als er 1487 in Nürnberg einen Reichstag abhielt und an kneblein und maidlein im Graben unter der Burg viertausend Lebkuchen mit seinem Abbild verteilen ließ.

Lebkuchen wurden schließlich Heil- und Zauberkräfte zugesprochen.

Und als das Feinste vom Feinen gelten bis heute die Elisenlebkuchen, nach einer Nürnberger Bürgerstochter benannt. Nur ein Viertel ihres Teigs darf aus Mehl sein, der Rest sind Haselnüsse und Mandeln, Honig und Weihnachts-Gewürze.

In dieser Erinnerung schlendern wir weiter, immer weiter durch die duftenden, strahlenden Budengassen. Ach, das Christkind dort oben auf der Empore hatte schon Recht, als es uns allen zurief:

Dies Städtlein in der Stadt,

aus Holz und Tuch gemacht,

so flüchtig wie es scheint,

in seiner kurzen Pracht,

ist doch von Ewigkeit.

Mein Markt bleibt immer jung,

solang es Nürnberg gibt

und die Erinnerung ...

Zutaten:

5 Eier

200 g Puderzucker

1 Prise Salz

Je 1 Messerspitze Muskat-blüte und Nelkenpulver

1 El Zimt

Abgeriebenes von 1 Zitrone

Je 200 g Haselnüsse und Mandeln, gemahlen

Je 125 g Zitronat und Orangeat, fein gehackt

50 Backoblaten von 6 cm Durchmesser

Für die Glasur:

40 g Kakao

175 g Puderzucker

25 g Kokosfett

3 El heisses Wasser

Nürnberger Elisenlebkuchen

Elisenlebkuchen

ANLEITUNG:

Eier und Puderzucker in einer Schüssel schaumig rühren, dann die restlichen Zutaten nach und nach unterrühren. Die Oblaten auf ein Blech verteilen und den Teig knapp 1 cm dick darauf verteilen – ein Streifen vom Oblatenrand muss noch zu sehen sein, damit der Teig genug Platz zum Aufgehen hat. Im vorgeheizten Backofen auf mittlerer Schiene etwa 25 Minuten backen. Für die Glasur den Kakao unter den gesiebten Puderzucker mischen.

Erst das geschmolzene Kokosfett, dann das heiße Wasser einrühren. Die warmen Lebkuchen damit bestreichen und auskühlen lassen.

ELEKTROHERD: 200 °C
GASHERD: STUFE 4

TIPP: Elisenlebkuchen sollten gut verschlossen aufbewahrt werden, zum Beispiel in einer Blechbüchse.

Rothenburger Reiterlesmarkt

Wenn die kleine Stadt Rothenburg ob der Tauber schon an den anderen elf Monaten des Jahres voll gestopft ist mit Besuchern, in der Zeit vor Weihnachten platzt sie fast.

Auf mehr als fünfhundert Jahre Weihnachtsmarkt blickt diese Stadt zurück, und wer die Augen im Dämmerlicht nur ein wenig zukneift, der fühlt sich bei dieser mittelalterlichen Kulisse gleich ein paar Jahrhunderte zurückversetzt. Fachwerk, spitze Giebel, kleine Fenster mit noch kleineren Scheiben, schmale Fassaden, enge Gassen, Kopfsteinpflaster, die Illusion ist perfekt. Wir sehen nicht ins Mittelalter, wir stehen mittendrin, hineinversetzt in eine andere Zeit.

Nun ist Rothenburg ja eine einzige Festungsanlage, die Stadtmauer schließt mit ihren dreiunddreißig Türmen und Toren die Altstadt heute noch genauso ein wie zur Bauzeit im 12. Jahrhundert. Diese Stadtmauer ist Glück und Schicksal der Stadt, die Stadt wurde nie

zerstört und ihr Bild nicht durch moderne Bauten verdorben. Nur einmal wurde Rothenburg eingenommen, im Dreißigjährigen Krieg durch den katholischen Feldherrn Tilly. Das war im Jahr 1631. Und gerettet wurde die Stadt durch den Bürgermeister Nusch, der mit seinem Meistertrunk den alten Haudegen Tilly gnädig stimmte. Nusch setzte den Krug an und trank, trank, trank mehr als drei Liter guten Frankenwein in einem Zuge. Tilly verschonte die Stadt, Nusch wurde trotzdem noch achtzig Jahre alt.

Und wenn wir schon im Mittelalter sind, dann bitte richtig, mit all seinen Ängsten und Hoffnungen, all seinem Glauben und Aberglauben, all seinen starken Worten und Bildern, dem Christen- und dem Heidentum. Das Reiterle etwa, das heute den Weihnachtsmarkt eröffnet, war vor langer Zeit kein Geringerer als Wotan oder Odin, der höchste Gott der Germanen, der mit seinem achtbeinigen Ross durch die Lüfte fuhr. Im Winter hatte er seine besondere Freude daran, stürmte mit seinen Gefolgsleuten los und einem ganzen Heer von Toten, donnerte über den Himmel, dass den Rothenburgern die Schindeln auf dem Dach tanzten und der Sturm an den Fensterläden rüttelte. Da war es schon gut, zur Zeit der Zwölf Nächte einen Brei vor die Haustür zu stellen, vielleicht wollte Odin ja einkehren, verlangte Gastrecht.

Noch heute gibt es den Brauch des Klöpfelns, des Anklopfens. Am Donnerstag, dem Tag des Donnergottes, Donar, ziehen die Kinder von Haus zu Haus und klopfen mit einem Hämmerchen – einen Malmer, wie Donar, haben sie ja nicht – an die Türen und bitten um eine Gabe. Die Hausfrauen haben kleine runde Scheiben aus süßem Brotteig für die kleinen Klöpfler gebacken.

Die Zwölf Nächte, die Klöpflesnächte, die Tage der Wilden Jagd: Es sind die Tage vom Heiligen Abend an bis Dreikönig, dem sechsten Januar. Es sind besondere Nächte, wichtige, traumdeuterische Nächte. »Merkt euch, was ihr in diesen Nächten träumt!«, heißt es, und ein Zettel mit Bleistift am Bett ist nicht verkehrt. Denn die Nacht von Heiligabend auf den ersten Weihnachtsfeiertag steht für den Januar, vom ersten auf den zweiten Feiertag für den Februar und so weiter. Seit Jahrhunderten traumdeuten die Leute, orakeln und rechnen herum.

Die christliche Kirche hat diesem Treiben nicht lange zugesehen. Sie machte aus dem alten, wilden Germanengott ein braves Reiterlein, einen milden Heil- und Segen-, einen Gabenbringer. Na, das freute die armen Christen. Die Angst vor Odin einzutauschen gegen Geschenke vom Reiterlein, das ließ sich jeder gefallen. Und die Kinder warten schon sehnsüchtig, wenn das Reiterlein durch die verwinkelten Gassen auf das gotische Rathaus zureitet und den Weihnachtsmarkt eröffnet, mitten durch die Budengassen mit altdeutschem Gebäck und weißem Glühwein, der hoffentlich mit

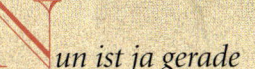

Silvaner aus Bocksbeutelflaschen angesetzt ist. Nur gut, dass Odin heute nicht mehr dreinfährt zwischen all die fränkischen Teller und Tassen und Töpfe, die aus gebranntem Ton an den vielen Marktständen stehen. Denn das Reiterle mit seinem Bart, der großen Kappe und dem roten Mantel ähnelt schon sehr einem guten, gemütlichen Weihnachtsmann. Und es dauert auch gar nicht lange, da macht sich das Reiterle auf seinem Pferd wieder davon.

Dabei ist es noch gar nicht so lange her, ein halbes Jahrhundert vielleicht, da schenkte jeder Patenonkel in Rothenburg und Umgebung seinem Patenkind ein bunt bemaltes Springerle, auf dem ein Reiter zu sehen war. So hart waren diese gebackenen Reiterle, dass sie erst wochenlang an der Luft mürbe werden mussten. Die Jungen aber haben sich trotzdem gefreut, dieses Reiterle war oft ihr einziges Weihnachtsgeschenk.

Nun ist ja gerade Rothenburg nicht nur im Advent eine Weihnachtsstadt. Hier ist an jedem Tag des Jahres Weihnachten. Eine Firma, die mit dieser Geschäftsidee äußerst wohlfährt, hat ihren Stammsitz in Rothenburg. Ein ganzes Dorf ist eingerichtet mit Häuschen und Buden, mit Glühwein und Weihnachtsmusik, mit Geschnitztem und Gedrechseltem, damit all jene, die nicht das Glück haben, im Advent nach Rothenburg zu kommen, eine deutsche Weihnacht miterleben dürfen. O, du fröhliche ...

Glühwein

ZUTATEN FÜR 4–6 GLÄSER:

1 FLASCHE ROTWEIN

200 ML WASSER

SAFT EINER ZITRONE

5 GEWÜRZ-NELKEN

1 TL ZIMT, GEMAHLEN

1 UNBEHANDELTE ZITRONE

ZUCKER NACH GESCHMACK

ANLEITUNG:

Den Wein mit Wasser, Zitronensaft und Gewürzen bis kurz vor dem Kochen erhitzen. Die Zitrone in Scheiben schneiden. Den Glühwein auf die Gläser verteilen und in jedes Glas eine Zitronenscheibe geben. Nach Geschmack süßen.

TIPP: *Verändern Sie die Zutaten. Etwas Zitronen- oder Orangenlikör gibt eine neue Note, ebenso etwas gemahlene Ingwerwurzel. Oder versuchen Sie es mal mit einem Schuss Magenbitter. Für französischen Glühwein nimmt man roten Bordeaux, ein Stück Zimt, reichlich geriebene Muskatnuss und ein kleines Lorbeerblatt. Alkoholfrei wird es mit Johannisbeersaft statt Rotwein.*

ZUTATEN FÜR 6–8 GLÄSER:

500 ML STARKER TEE (OSTFRIESENMISCHUNG)

125 G ZUCKER

SAFT VON 1 1/2 ZITRONEN

SAFT VON 2 ORANGEN

4 GEWÜRZNELKEN

1/2 ZIMTSTANGE

1 FLASCHE ROTWEIN

125 ML RUM ODER WEINBRAND

Weihnachtspunsch

Weihnachtspunsch

nburg

ANLEITUNG:

Den frisch aufgebrühten, kochend heißen Tee über den Zucker in den Punschtopf gießen. Zuerst Zitronen- und Orangensaft, Nelken und Zimtrinde dazugeben, dann den Rotwein. Vorsichtig bis kurz vor dem Siedepunkt erhitzen. Den Rum bzw. Weinbrand erwärmen, in den Punschtopf gießen, umrühren und durch ein Sieb in die vorgewärmten Gläser einschenken.

49

Salzburger Adventssingen

Das ist die stillste Zeit im Jahr,

Immer wenn es Weihnacht wird.

Da fallen die Flocken, sie fallen so leis,

der Welt wächst ein Mantel,

so weich und so weiß,

immer wenn es Weihnacht wird.

Norbert Wallner

Es dämmert schon. Und geschneit hat es auch, als wir aus der Burgschänke treten. Leise knirscht der Schnee unter unseren Stiefeln, als wir zur Festungsmauer treten. Wie Spielzeug liegt die Stadt unter dem Festungsberg, die Salzach schwingt ihr schwarzes Band mitten durch die erleuchteten Straßen der Stadt. Und unter uns leuchtet der Dom im warmen Licht des Christkindlmarktes. Dreihundert oder fünfhundert Jahre, wie alt mag dieser Markt auf dem Domplatz wohl sein? Wir streiten nicht bei diesem friedlichen Bild.

Endlich drehen wir uns um, gehen in den Hof der Festung Hohensalzberg, wo im weiten Kreis die Holzbuden stehen mit ihren gestreiften Dächern. Ruhe und Sicherheit strahlt so eine Festung aus, so nehmen wir uns Zeit und schlendern gelassen von einem Stand zum anderen. Und wenn wir auch in der Burgschänke gerade ein gutes Glas Veltliner aus der Wachau getrunken

haben, ein Federspiel, was so viel heißt wie Kabinett, ein Glühwein schmeckt im Winter immer. Besonders, wenn es dazu ein Stück Kletzenbrot gibt, echtes Salzburger Kletzenbrot, versteht sich.

Gerade als wir etwas Königs-Weihrauch kaufen, schlägt es vom Dom herüber. Sechsmal? Donnerwetter, jetzt aber schnell zur Zahnradbahn. Und wieder dieser Blick auf die Stadt. Langsam erst, dann immer schneller gleiten die Kuppeln des Doms auf uns zu, und als

wir aussteigen, stehen wir nach ein paar Schritten schon auf dem Domplatz. Hier wird duftender Punsch in Becher geschüttet, werden Mandeln mit gebranntem Zucker überzogen, heiße Maroni mit klammen Fingern jongliert, Handschuhe und Socken probiert, Bratwürstl zwischen Semmelhälften geklemmt, Krippenfigurn bestaunt, prachtvoll geschmiedete Türangeln

begutachtet, und

dann kommt, Gipfel unseres Markt-
vergnügens, der Stand mit dem Verhackert. Der
Metzgermeister hat ein Bauernbrot im Arm, das seinem Durchmesser nach besser Gutsherrenbrot heißen
sollte, säbelt Schnitten davon herunter, teilt diese in
Bissen und schmiert aus einem enormen Steinguttopf
etwas darauf, das nur im Dämmerlicht des Marktes
aussieht wie Grammelschmalz. Es ist luftgeselchter
Bauchspeck, fein verhackert, mit Salz und Pfeffer abge-
schmeckt und gut abgelagert. Wir probieren und sind
begeistert. Verhackert, ist das nicht eine Steirische
Spezialität? »Ja, lieber Herr! Unsers ist doch vü bessa,
nöt wohr!« Wir geben ihm Recht und ordern eine grö-
ßere Portion, zum Mitnehmen.

Der Fiakermann fegt den Schnee von der Sitzbank:
»Bittschön, die Gnädigste, wenns Platz nehmen wolln?
Zum Hotöl, Herr Doktor? Bittesehr!« Umziehen. Chic
oder ländlich, in Salzburg geht beides. Denn jetzt im
Winter ist man in Salzburg unter sich, unter
Gleichgesinnten. Das merkt man in jeder Gasse
Salzburgs, nicht nur in der berühmten Getreidegasse,
wo Mozarts Geburtshaus steht. Hunderte von festlich
geschmückten Passagen laden ein, dem Salzburger
Schnürlregen elegant aus dem Weg zu gehen. Und das
kann nötig werden, denn zur Nacht erwacht in Salzburg das Adventssingen.

Geradeso wie beim »Jedermann« ist wieder das
halbe Salzburger Land mit dabei. Kaum ein Schloss,
kaum eine Kirche oder Kapelle, in der es abends dunkel
bleibt und still. Nun ist Hausmusik Tradition in den
Alpenländern, Hackbrett oder Zither, Gitarre und Flöte

Beinahe Pflicht ist das Salzburger Adventssingen im Großen Festspielhaus. 1946 hat es der Volksmusikant Tobi Reiser gegründet. Lieder gab es zu hören, Instrumentalstücke und Spielszenen, getextet und arrangiert von Tobi Reiser. Sechs Jahre später stand der Dichter Karl Heinrich Waggerl gerade im Salzburger Heimatwerk zwischen all dem Gewebten, Geschnitzten, Gedrechselten, Getöpferten und

mit der ganzen Familie um den großen Tisch. Wenn aber Männer und Frauen in Tracht in einem Schlosssaal voller Stuck und Gold und Barockengel stehen und einen ausgefeilten Viergesang anstimmen zu einer sanften Harfe, Mittelalterliches vielleicht in Latein oder christliche Volkslieder, dann ist auf einmal Weihnachten und wenigstens eine Stunde lang nichts mehr, wie es vorher war.

Gemalten und zählte sein Geld für ein paar warme Fäustlinge, als Tobi Reiser ihn ansprach und auf ein Glas Wein einlud. Und nach ein paar Gläsern hatte er ihn so weit, Waggerl wollte beim Adventssingen mitmachen, nicht ungern, wie er später immer wieder betonte, schon weil er nicht singen musste, sondern eigene Texte in seiner unnachahmlichen Art vortragen konnte. Wir machen uns auf den Weg zum Festspielhaus, die gerade noch ergatterten Karten in der Tasche, schließlich ist das Salzburger Adventssingen im Großen Festspielhaus für Tausende von Menschen der große Anziehungspunkt im Salzburger Advent. Und als hätten wirs bestellt, hören wir vom Glockenspielturm, von den Dombögen und der Residenz herab Trompeten und Posaunen, Hörner und Alphörner abwechselnd mit höfischer Musik und Weihnachtsliedern. Es ist das Salzburger Adventsblasen, die schönste Einstimmung auf den Abend. Andächtig lauschen wir der Musik und freuen uns auf Weihnachten.

Während wir an der Garderobe unsere Mäntel abgeben, nehmen wir uns ganz fest vor: Gleich morgen gehen wir ins Café Tomaselli, Verlängerten trinken, also Espresso mit doppelt Wasser: »Des Herz, Herr Dokter, i waß scho.« Und ins Café Fürst am Alten Markt, wegen der Original-Mozartkugeln in der Silberfolie. Selbst wenn wir den Flieger verpassen. So wie der kleinste Hirte beim Adventssingen aufsagt, vier oder fünf Jahre alt wird er sein, auf seinem Weg zur Krippe:

I mecht mi bloß a weng verschnaufen,

bevor i mi da weidertrau.

Bin ganz alloa mit mein klein Lamperl

und möcht halt auch

zum Kripperl schaun.

Denn oaner muss der Letzte sein,

des sieht des heilig Kind scho ein.

burg

Verhackert

Anleitung:

Den Speck sehr fein hacken oder wiegen. Mit Salz und Pfeffer und der fein gehackten Knoblauchzehe würzen. In einen Steinguttopf füllen und mit dem warmen Kernfett übergießen. Mit einem Tuch abdecken und für drei Wochen kühl stellen.

Tipp: *Verhackert ist auf dunklem Brot mit frischem Paprika, Zwiebelringen und Knoblauch eine herzhafte Jause. Den Wein nicht vergessen.*

Zutaten:

500 Bauernspeck, luftgeselcht ohne Schwarte

Salz und Pfeffer

1 Knoblauchzehe

Etwas Kernfett

Zutaten:

300 g Kletzen (gedörrte Birnen)

100 g gedörrte Feigen

100 g Sultaninen

100 g Mandeln, gehackt

1 Tl Zimt, gemahlen

1 Tl Anissamen

Abgeriebene Schale von 1 Zitrone

60 ml Birnengeist

200 g Roggensauerteig (Backmischung)

Salzburger Kletzenbrot

ger Kletzenbrot

ANLEITUNG:

Kletzen ganz langsam in wenig Wasser kochen,

bis sie weich, aber noch ganz sind. Mit den übrigen Zutaten – bis auf den Teig –

vermischen und über Nacht zugedeckt durchziehen lassen. Den Brotteig vorsichtig dazukneten und

zwei Laibe formen. Auf ein gefettetes Blech setzen, 2 Stunden gehen lassen und 60 Minuten backen.

ELEKTROHERD: 200 °C / GASHERD: STUFE 4

burg

Von drauß, vom Walde komm ich her;

ich muss euch sagen, es weihnachtet sehr!

Allüberall auf den Tannenspitzen

sah ich goldene Lichtlein sitzen ...

THEDOR STORM

An welchem Haus in Straßburg hängt er denn eigentlich nicht, der Nikolaus in seinem roten Mantel, mit roter Mütze und weißem Bart, mit einem breiten Gürtel um den wohl proportionierten Bauch und einem riesigen Nikolaussack auf dem Rücken? Nun sind die Straßburger ja auch weihnachtsverrückt, mit Verlaub gesagt. Sie packen in der Adventszeit ganze Häuser ein wie Geschenkpakete, schnüren riesige Schleifen und Bänder darum, hängen ganz enorme Weihnachtspakete daran und bestrahlen das alles noch mit Scheinwerfern in allen Regenbogenfarben. Rot und blau und grün schimmern die Straßen in der Stadt, die sich selbst Weihnachtshauptstadt Europas nennt. Und da geteilte Freude doppelte Freude ist, gibt es in Straßburg mehr als nur einen Weihnachtsmarkt.

Da ist zunächst einer der ältesten Weihnachtsmärkte überhaupt, der St.-Nikolaus-Markt. Er liegt zwischen dem Münsterplatz oder, wie die Straßburger sagen, Place de la Cathédrale, und der Rue des Hallebardes. Sankt Nikolaus, das ist der Schutzheilige der Seeleute und Kaufleute. Vor allem aber ist er der Schutzheilige aller Kinder, denn er hat, so berichtet die Legende, drei Lateinschüler wieder zum Leben erweckt, nachdem ein böser Wirt sie schon zerteilt und in einem Pökelfass eingesalzen hatte. Und so war jahrhundertelang der Nikolaustag, der 6. Dezember, auch der Tag der Kinderbescherung mit viel Feiern und Geschenken. Als Schutzheiliger für Kinder und Kaufleute ist St. Nikolaus zur Weihnachtszeit die Idealbesetzung, denn was Kinder sich auch immer wünschen, schönste Gaben in bunten Farben, die Kaufleute haben es.

Seit dem Jahr 1570 allerdings feiern die Straßburger ihren Christkindelsmärik, und zwar aus protestantischem Trotz. Die katholische Extravaganz, die Heiligennamen so hervorzuheben wie eben mit dem St.-Nikolaus-Markt, wollten sich die Reformierten nicht länger bieten lassen. Martin Luther selbst führte im Jahr 1535 die Bescherung der Kinder durch den Heiligen Christ ein. Und so feierten auch die Straßburger bald ihren Christkindelsmärik, und zwar zu Weihnachten, eben zum Geburtstag des Christkindes. Bis auf den heutigen Tag kommt das Christkind und beschert die Kinder. Im Elsass aber, und in der Hauptstadt Straßburg nun ganz besonders, hat es den Hans Trapp dabei, den ruppigen Gesellen des Nikolaus, der anderswo Knecht Ruprecht heißt und mit der Rute dreinfährt, wenn die Kinder nicht artig waren. Im Mittelalter gab es ihn

wirklich, er war ein Raubritter, der die armen Leute von Weißenburg drangsalierte.

Längst ist er tot, aber sein schlechter Ruf ist ihm bis heute geblieben. Weil aber selbst die Protestanten nicht ganz auf den Nikolaus verzichten wollten, erfanden sie den Weihnachtsmann, eine Kunstfigur. Im Jahr 1860 erhielt er seinen roten Mantel, und so gemütlich, dick und freundlich, wie wir ihn heute kennen, schuf ihn im Jahr 1932 die Coca-Cola-Werbung und nannte ihn wieder Santa Claus.

Der Markt der Bredle wird am Place de la Gare gefeiert. Bredle sind eine Straßburger Spezialität. Plätzchen gibt es anderswo, Bredle gibt es nur im Elsass. Und es gibt sie in unzähligen Varianten. Jede Hausfrau hat ihr Rezept, jede Bäckerei gleich zwanzig, und noch viel mehr verschiedene Bredle sind auf dem Weihnachtsmarkt zu kaufen. Dabei ist es ganz einfach, gute Bredle backen: Eine Tasse Zucker mit zwei Eiern schaumig rühren, eine Tasse gemahlene Walnüsse darunter rühren und in kleinen Häufchen auf ein Blech setzen. Über Nacht trocknen lassen und am anderen Tag bei hundertfünfzig Grad mehr trocknen als backen. Schon fertig. Dann

aber fangen die Feinheiten an: mit etwas Zimt und ein wenig Orangenschale, einem Schuss Kirschwasser vielleicht und einem Stück Butter. Und spätestens jetzt wird die Zahl der Rezepte unübersehbar. Aber alle heißen sie Bredle und schmecken einfach wunderbar, ganz besonders auf dem Weihnachtsmarkt zu einem Becher Glühwein. Und wer sowieso in einer warmen, brechend vollen Wistub sitzt, bestellt sich eben ein Glas herrlich herben Riesling, die weiße Spezialität der Elsässer Winzer.

Aber wir sind ja noch gar nicht beim Weihnachtsbaum angekommen. Der stammt nämlich aus dem Elsass. Besonders schnell verbreitete er sich in Deutschland und kam von dort mit den Auswanderern nach Amerika. Fest steht, dass in Amerika alles ein wenig größer ist als anderswo. So ist auch der Weihnachtsbaum wohl nirgendwo

größer als in New York. Und von dort strahlt er so hell, dass unsere Bürgermeister es sich nicht nehmen lassen, im Advent Klein-Amerika zu spielen mit Super-Fichten im Glanz möglichst vieler elektrischer Lichter.

Nun hat es mit dem Weihnachtsbaum so seine Bewandtnis. Sein grünes Nadelkleid bedeutet immer währendes Leben, sein warmes Kerzenlicht bedeutet Erlösung. Was ist dagegen eine grelle, elektrische Lichterkette? Eben nichts, über sie freut sich höchstens die Feuerwehr.

Aber jetzt müssen wir uns beeilen, den ganzen Markt noch zu erkunden mit all seinen Weihnachts-Überraschungen. Denn es ist schon spät, nicht lange, und der Heilige Abend steht vor der Tür. Dann wird es still sein, hier wie überall auf den Weihnachtsmärkten.

Galette de Roi

Zutaten:

2 grosse Rollen Blätterteig

125 g Butter

2 Eier, 1 zusätzliches Eigelb

125 g Zucker

125 g gemahlene Mandeln

Anleitung:

Die Butter mit dem Zucker und den gemahlenen Mandeln zu einem glatten Teig verrühren. Die Eier vor dem Zugeben mit der Gabel schlagen, sodass sich Eigelb und Eiweiß vermengen. Die fertige Masse auf einen Blätterteig legen. Jetzt die zweite Rolle Blätterteig oben auflegen und am Rand gut zusammenkneten, damit nichts beim Backen auslaufen kann. Den Blätterteigdeckel mit Eigelb bestreichen und mit der Gabel ein Gitter einritzen. Im Ofen 30 Minuten backen. Sollte der Kuchen zu schnell braun werden, kann man ihn gegen Ende der Backzeit mit Alufolie abdecken.

Elektroherd: 180 °C

Gasherd: Stufe 3

Zutaten:

175 g Butter

225 g Zucker

1 Päckchen Vanillezucker

1 Orange, ungespritzt

3 Eier

400 g Mehl

1 TL Backpulver

je 1 Prise Muskatblüte und Zimt

Zum Verzieren:

100 g Schokoladenglasur

Straßburger Spritzgebäck

rger Spritzgebäck

ANLEITUNG:

Die Butter mit dem Zucker und Vanillezucker schaumig schlagen. Die Schale von der Orange reiben und zusammen mit den Eiern dazugeben. Mehl, Backpulver und Gewürze mischen und mit einem Rührlöffel unter den Teig rühren. Das Ganze in einen Spritzbeutel mit Rosettentülle füllen und kleine Kringel auf das Backblech spritzen. Sehr schön sieht auch S-förmiges Spritzgebäck aus. Im Ofen in etwa 15 Minuten goldbelb backen.

ELEKTROHERD: 180 °C

GASHERD: STUFE 3

TIPP: Spritzkuchen werden durch Verzierungen besonders hübsch. Die im Wasserbad geschmolzene Schokoladenglasur in eine Plastiktüte füllen und an einer Ecke der Tüte eine kleine Spitze abschneiden. Die Kringel dicht nebeneinander legen und mit feinen Schokolinien bespritzen.

IMPRESSUM

1. Auflage 2003

© 2003 arsEdition GmbH,
München
Alle Rechte vorbehalten
Gestaltung und Fotografie:
Greenstuff, Iris & Jochen Grün,
München
Redaktion: Silke Kords
Textlektorat: Bettina Gratzki
ISBN 3-7607-2147-8
Printed by Tien Wah Press

www.arsedition.de